Я граю в спортивні ігри

Автор Library For All

Library For All Ltd.

Я граю в спортивні ігри

Це видання опубліковано у 2022 році

Опубліковано Library For All Ltd
Електронна пошта: info@libraryforall.org
URL-адреса: libraryforall.org

Я граю в спортивні ігри
Library For All
ISBN: 978-1-922849-28-1
SKU02881

Я граю в спортивні ігри

Я граю у футбол.

Я граю в регбі.

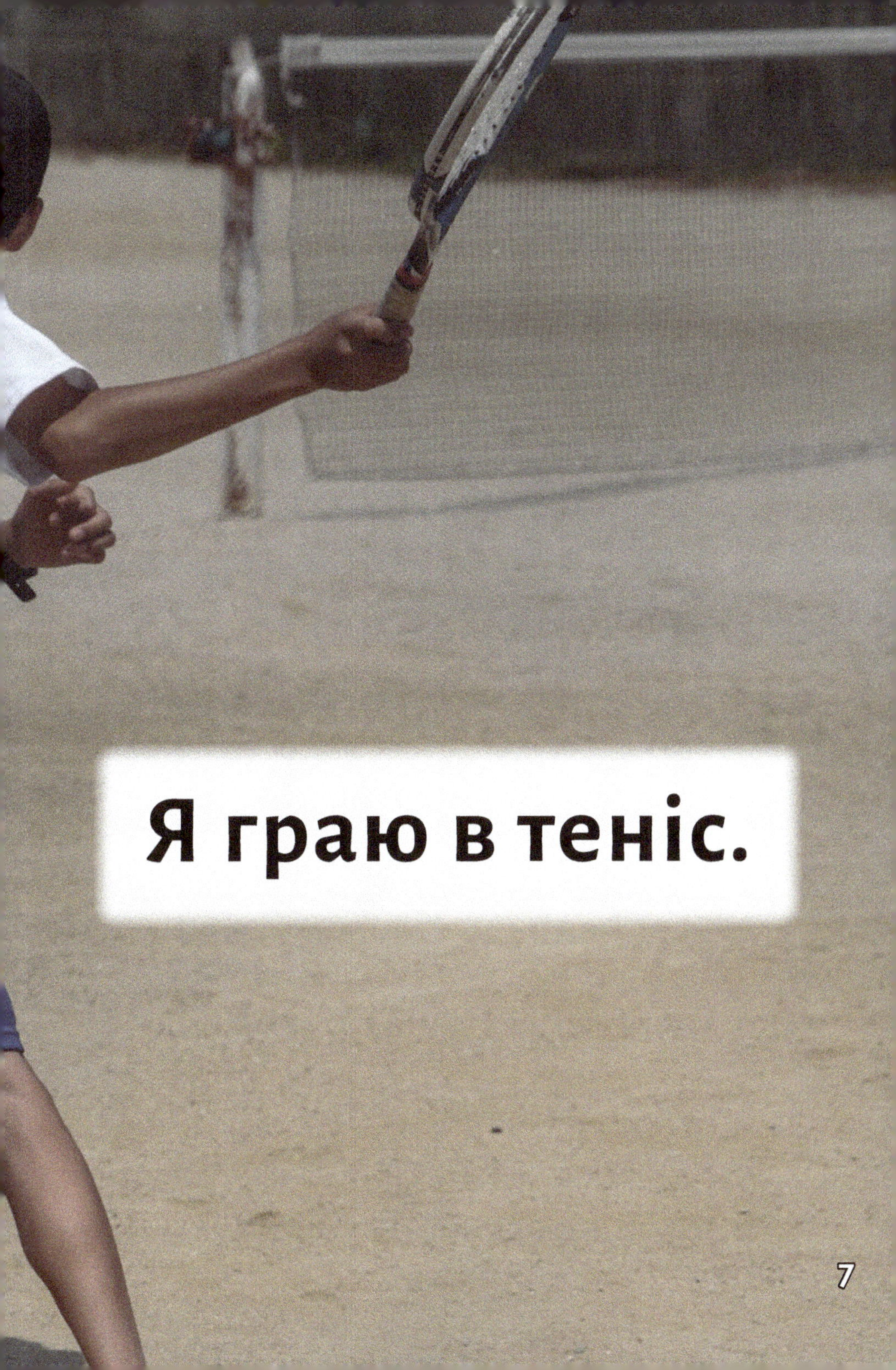

Я граю в теніс.

Я граю в баскетбол.

Я граю у волейбол.

Я граю у гольф.

Я граю в хокей
на траві.

Я граю в крикет.

Я граю з друзями!

Скористайся цими запитаннями, щоб обговорити книгу з сім'єю, друзями і вчителями.

Чому тебе навчила ця книга?

Опиши цю книгу одним словом. Смішна? Моторошна? Кольорова? Цікава?

Що ти відчуваєш після прочитання цієї книги?

Яка частина цієї книги найбільше тобі сподобалась?

Завантажуй наш додаток для читання
getlibraryforall.org

Про співавторів

Library For All співпрацює з авторами й ілюстраторами зі всього світу, щоб сприяти створенню різноманітних, актуальних та якісних оповідань для юних читачів.

Відвідай наш сайт libraryforall.org, щоб дізнатися останні новини про письменницькі майстер-класи, рекомендації для подання заявок та інші творчі можливості.

Тобі сподобалась ця книга?

В нас є ще сотні унікальних оповідань, ретельно відібраних фахівцями.

Щоб забезпечити дітей у всьому світі доступом до радості читання, ми тісно співпрацюємо з авторами, педагогами, консультантами в сфері культури, представниками влади та неурядовими організаціями.

Чи відомо тобі?

Ми досягаємо глобальних результатів у цій царині, дотримуючись Цілей сталого розвитку Організації Об'єднаних Націй.

www.ingramcontent.com/pod-product-compliance
Lightning Source LLC
Chambersburg PA
CBHW042347040426
42448CB00019B/3437